© 2019 Hélan Brédeau

Édition : BOD – Books on Demand
12/14 rond-point des Champs-Élysées, 75008 Paris
Impression : BOD – Books on Demand, Norderstedt, Allemagne

ISBN : 9782322189069

Dépôt légal : Novembre 2019

Hélan BRÉDEAU

QUELQUES POÈMES…

FONT-ILS UNE VIE…

UN ROMAN…

CHAQUE POÈME RACONTE UNE HISTOIRE

Les gens que l'on rencontre, les situations offertes, les émotions ressenties sont des sources intarissables qui font danser les mots.

QUELQUES UNS DE CES POÈMES ONT UNE PARTITION MUSICALE.

VACANCES

- Nos longs étés d'enfant p.9
- La maison p.12
- Sieste p.13

ABSENCE ET MALENTENDU

- Absence p.26
- Malentendu p.27

INDISCRÉTIONS

- Les mots qui s'envolent p.30
- Secrets exposés p.31

HANDICAP ET DIFFÉRENCE

- Handicap p.42
- À celui qu'on nomme innocent p.43
- Tristes gens p.44
- La différence p.45
- Le masque p.46
- Pauvres gens p.47

AMOURS ET CHAGRINS

- Plaisir p.15
- Émotion p.16
- Jouissance p.17
- À celui qui est ma vie p.18
- Désir p.19
- Douleur p.20
- Des souvenirs de rien p.21
- Un grain de folie p.22
- Saint-Valentin p.23

L'ENFANT

- Cet été-là p.34
- Juste une image p.35
- Aimez-moi p.37
- Bats-toi p.39
- Mon enfant p.40

MALADIE

- Cafard…Questions p.50
- Sida années 90 p.51
- Alzheimer p.52

DEUILS

- Mon père p.55
- Survivre à son enfant p.56
- Mon ami p.57
- L'oiseau p.59
- Un lieu si paisible p.61
- Un départ p.63

RENAISSANCES

- Les arbres p.65
- Je sors d'un abîme p.67
- Une plage, un été p.68
- Un peu d'ordre dans ma vie p.69

JOIE ET NOSTALGIE

- Souvenirs cachés p.71
- Le marais p.73
- C'était chez moi p.74
- Le mois de Marie p.75

ET LE TEMPS PASSE

- Et pourtant p.77
- Méditation p.79
- Ce n'est qu'une vie p.80

VACANCES

NOS LONGS ÉTÉS D'ENFANT

… Qu'ils étaient chauds grand-père, nos longs étés d'enfants…
Pour rejoindre la rivière et la fraîcheur de son eau,
Nous longions un champ de blé aux épis lourds et jaunes.
Qu'ils étaient beaux grand-père et comme ils étaient hauts !
Mon frère et moi, chaque fois disparaissions dedans,
Tu appelais, nous cherchant, le ton faussement impatient,
Ou bien tu repartais faisant semblant de nous perdre,
Sitôt deux têtes blondes jaillissaient en riant.
Aucun de nous ne se lassait, pas même toi grand-père,
Enfin, c'est moi qui le pensais.
D'une paille bien sèche qu'habilement tu taillais,
Sitôt collée à nos lèvres, de curieux sons s'échappaient,
Surtout du bruit grand-père, mais quelle musique à nos oreilles,
Et nous traînions sous un ardent soleil.
Après le champ de blé venait, bordé de ronces, un difficile chemin,
Nous rabattions les tiges indociles à grands coups de gourdin.
Nos pas s'accéléraient, tu devenais méfiant, tu semblais inquiet,
Attentif aux bruits sournois qu'on devinait sous les haies.
Attention les enfants ! Il y a des serpents !
Et nous tapions plus fort encore, avec les pieds et le bâton
Sûrs d'éloigner la vipère et son dangereux poison.
Passé cet épineux chemin, nous prenions alors ta main,
D'un coup le paysage changeait, nous perdions notre entrain,
Plus de cris, plus de rires, un grand silence s'installait,
Nos peaux brûlantes, soudain se hérissaient,

Plus de ciel, plus de soleil, nous avions presque froid,
Plus un rayon ne passait à l'ombre du sous-bois,
Aveuglés de soleil, d'un coup, il faisait noir.
Nous marchions plus vite, sans trop faire de bruit,
Nous les imaginions, dans les fourrés, tapis,
Nos yeux à demi clos, désir et peur de les apercevoir
Tant de monstres sûrement se terraient dans le bois,
Et toi tu nous pressais, tu aimais tant qu'on y croit.
Puis le bruit attendu, ce clapotis magique, celui de notre Sèvre,
Nous ne résistions pas, c'était pour nous comme un appel,
Et nous courions te laissant là grand-père.
Les bras levés tu criais, attendez-moi les enfants !
Tu souriais, comme chaque fois tu ne faisais que semblant,
Tellement heureux de voir tes petits si joyeux, si contents.
    … Qu'ils étaient chauds, grand-père, nos longs étés d'enfants…

LA MAISON

La porte refusait de s'ouvrir, les volets restaient bloqués,
Empêchant même un faible rai de lumière d'entrer.
L'eau ruisselait, goutte après goutte, tout le long des murs,
De réguliers petits flocs scandaient la lente mesure
D'une complainte monocorde et mélancolique,
Un refrain monotone d'une musique insolite.
Déserte, abandonnée, la maison pleurait…
Et le soleil brillait en regardant la terre poursuivre son chemin,
Indifférent à cette maison et son si gros chagrin.
Elle pleurait leur absence, le vide qu'ils laissaient,
Elle pleurait les cris, les rires qui pourtant la bousculaient,
Elle pleurait cette vie grouillante le temps d'un été
La gorgeant de jeunesse, d'amour, de gaieté.
D'un coup elle n'était plus si vieille la bâtisse séculaire,
Même si les pierres rongées par le sel, avouaient le contraire.
Jamais elle ne s'était lassée de voir grandir tous ses petits,
Qui n'avaient qu'une envie, celle de ne pas repartir.
Étés après étés, tant de jours passés…
Mais quel âge a cette demeure si robuste, si ancienne,
Nul ne peut le dire, aucun qui s'en souvienne.
Nous pensons que pour nous, elle est là depuis toujours,
Se tenant prête, sereine, attendant nos retours.

SIESTE

Yeux mi-clos, baisers brûlants.
Herbes sèches, fleurs parfumées
Bouches épaisses, lèvres gonflées,
Et tes mains et tes caresses,
Ta violence et ta tendresse
Mon corps nu n'est que moiteur
Renaissant dans la chaleur.
Chambre obscure, ombres nouées,
Je devine ton regard trouble
Et ton souffle court, dans l'ombre.
Je chavire et toi tu sombres.
Lit trop chaud et draps trop lourds,
Elle descend la fin du jour.

Dans le clair de lune qui s'infiltre,
Un insecte passe et revient
Apportant la touche finale
Au tableau d'un été serein.

AMOURS

ET

CHAGRINS

PLAISIR

Tes yeux sombres et profonds
Et mes yeux qui s'accrochent
À ton regard et s'y perdent…
Mes yeux ne quittent pas tes yeux
Et ta lueur est mienne
Qui envahit et mange le noir de tes pupilles…
L'amour,
Et ton regard chavire et devient flou,
Tu n'es plus toi, tu es… Plaisir.

ÉMOTION

Je t'ai revu,
Tout a recommencé.
Les battements de mon cœur
L'étreinte dans mon ventre
La soif sur mes lèvres.
Je n'ai pas pu,
Dans ton regard lire ta pensée,
Et suis restée avec ma peur,
Mon amour et ma fièvre,
Et un souvenir… tendre.

JOUISSANCE

VIE,
 Les soubresauts de ton corps
 Les plaintes de ta bouche
 Les larmes de mes yeux.
VIE,
 Nos cœurs qui s'emballent
 Ma peau qui se mouille
 Ton souffle qui se meurt.
VIE,
 Tes deux bras qui m'enserrent et m'étouffent,
VIE,
 Tes deux jambes qui se nouent et me lient,
VIE,
 Nos deux corps qui se cherchent et se trouvent.
 Puis vient le sommeil…

À CELUI QUI EST MA VIE

Aussi loin que mes yeux atteignent ma mémoire,
Aussi loin que l'image renaît au fond de moi,
    Tu es là.
Aussi loin que mes pensées s'envolent,
Si loin que mes souvenirs s'affolent,
    Tu es là.
Petite fille je me vois,
Mais pas seule, avec toi.
Ton visage est partout,
Dans mon cœur il fait doux.
Pas un lieu sans une trace,
Là où je vais, tu passes.
Dans ma vie qui n'est plus,
C'est toi qui vis le plus.
Aussi loin que mes yeux atteignent l'horizon,
Aussi loin que l'image avec le temps se fond,
    Tu es là,
Aussi loin que mon rêve s'évade,
Si loin que les ans filent et s'effacent,
    Tu es là,
Aussi loin que mon corps vieillira,
Aussi loin mon amour veillera.

DÉSIR

À l'intérieur je sens le feu
Qu'alimente ma grande faim
Et j'ai toujours le même vœu,
Ce fou désir de tes mains
Et de ta bouche sur mon corps.
Très lentement il me dévore,
Je l'entretiens je le nourris,
Il me réchauffe les jours d'ennui.
Pas de charbon, pas de bois,
Il a sa vie au fond de moi,
Avec soudain de grandes flammes,
Qui brûlent et font si mal.
Mais mon corps vit et mon cœur bat.
Et pour un feu de la Saint-Jean,
Même si pour moi il est souffrance,
Je me tiens prête et je t'attends.

DOULEUR

Et pourquoi j'ai mal,
Quand je vis si bien sans toi.
Et pourquoi j'espère,
Quand je sens le mal de toi.
Et pourquoi j'attends,
Quand il n'y a pas d'espoir.
Pourquoi n'as-tu rien dit, jamais, qui me rassure
Et me laisse espérer que ma vieille blessure
N'est que le fruit amer de ta seule raison,
Que ton cœur, tes sens vibrent encore à mon nom.
Mais peut-être qu'un jour,
Te reposant au creux de mon corps apaisé,
Tu laisseras passer, ne serait-ce qu'un souffle,
Un mot, alors je me saurai aimée.

DES SOUVENIRS DE RIEN

Je rêve de souvenirs de rien et me fais une histoire sans fin,
Par épisodes et sans début, qui me laisse amère et déçue.
Te voir me fait moins mal, avant mon ventre se tordait,
Et je n'étais que tremblements, qu'une souffrance qui durait.
J'ai moins de mal à te quitter, depuis le temps que je languis,
Tu partages tout dans mes pensées, l'amant est devenu mari,
J'ai toute une vie avec toi, des jours, des nuits, des peines, des joies,
Un bel enfant qui est le tien, enfin des souvenirs de rien…
Je survivais des mois sur un baiser de toi.
Je t'ai tant aimé, je t'ai tant désiré,
Et pour ne pas mourir, j'ai rêvé d'une vie.
Aujourd'hui tu es là, tu m'ouvres enfin tes bras,
Tu avoues que tu m'aimes seulement voilà,
Je t'ai tant espéré, je t'ai trop attendu.
Je ne t'aime plus.

UN GRAIN DE FOLIE

Je t'ai dans la tête, je t'ai dans le cœur, je t'ai dans le ventre,
Ça me dévore, ça me débranche, ça me dérange.
Et pourtant je cultive, ce jardin chimérique,
Où rien ne germe où rien ne graine,
Où rien ne pousse, rien que des rêves.
Je ne récolte que le doute et je ne ressens que du blues.
Et ma vie se dessine, comme une toile sans vie,
Celle d'un artiste sans idées, la tête vide, la main aride.
Je ne suis qu'un pauvre zombie, ivre de solitude, d'ennui.
Si tes yeux me regardaient, alors là tu comprendrais
Que ce jardin pour toi reste ouvert,
Que sous ton soleil, il fleurirait,
Sans toi c'est vraiment le désert, tu ne sais pas ce que tu perds.
Je t'ai dans la tête, je t'ai dans le cœur, je t'ai dans le ventre,
Ça me dévore, ça me dérange…

SAINT-VALENTIN

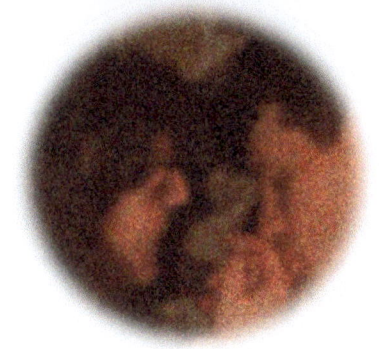

… Peut-être…

Avec toi je veux vivre ce jour,
Même si nos cœurs font parfois un détour,
Offre-moi, offre-toi une histoire d'amour,
Une belle histoire qui pourrait aussi
Résister au temps et durer… une vie…

… Passion…

Auprès de toi je respire et je vis,
Mon amour chaque jour est plus grand,
Ose me quitter, ce serait le néant,
Un seul jour sans toi me semble une nuit,
Reste près de moi, tu seras ma vie.

… Le temps qui passe…

Avec toi j'ai vécu, avec toi j'ai grandi,
Mon amour lui aussi a suivi ce chemin,
Où sont nos vingt ans, je ne regrette rien,
Une vie avec toi vaut le temps qui s'enfuit,
Reviens une fois encore dans mes bras aujourd'hui.

… Espoir…

Avec l'amour que j'ai pour toi,
Me dévorant chaque jour un peu plus,
Oserais-je enfin avouer ce que j'ai tu,
Un soleil dans ma vie, des projets, un espoir,
Rêves d'un bonheur qu'apporterait ta voix.

ABSENCE ET MALENTENDU

ABSENCE

Il y avait un corps,
Il semblait bien le tien.
Il y avait tes yeux,
Ils semblaient bien éteints.
Il y avait ma voix,
Mais tu n'entendais rien.
Où étais-tu passé, où étais-tu resté.
Un corps contre le mien, une main,
Egarée qui voulait caresser,
Qui ne savait plus bien
S'endormit sur ma peau.
Elle eut quelques sursauts
Et glissa dans le creux,
Chaud, de mes cuisses amoureuses
Et déçues, pleines du désir
Qui naît chaque fois,
De ta bouche, de tes doigts
Étouffant le plaisir
Qui s'éveillait en moi.
J'étais là, mais pas toi.

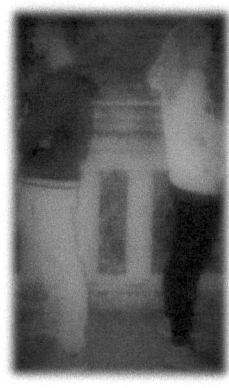

MALENTENDU

Je parle, je parle, toi tu t'éloignes,
Tu n'essaies pas d'entendre ma voix,
Les bruits de la ville éclatent mes " je t'aime",
Je crie je crie afin que tu comprennes,
C'est un malentendu, une histoire de rue !
Je ne vois que ton dos et ta démarche est raide,
Je marche plus vite, écoute, attends-moi !
Je me bats et j'explique, je raconte et je ris,
C'est un malentendu, une histoire de rue !
Tu m'agresses et pourtant, tu as tort tu le sens,
Tu m'en veux tu t'en veux, j'ai tout lu dans tes yeux.
C'est assez de me battre, c'est assez je repars.

Tu parles, tu parles, moi je m'éloigne,
Je n'essaie pas d'entendre ta voix,
Les bruits de la ville éclatent tes "je t'aime",
Tu cries tu cries, afin que je comprenne,
C'est un malentendu, une histoire de rue !
Tu ne vois que mon dos et ma démarche est raide,
Tu marches plus vite… et enfin tes bras !
Je me bats puis j'abdique, je raconte et je ris,
C'est un malentendu, une histoire de rue !
Tu m'embrasses et pourtant, j'ai des torts je le sens,
Tu m'en veux tu t'en veux, j'ai tout lu dans tes yeux.
C'est assez de se battre, c'est assez tu m'enlaces.
              Juste un malentendu, une histoire de rue…… !!!

INDISCRÉTIONS

SECRETS EXPOSÉS

À demi cachés au fond de grands jardins fleuris,
Ils restent peu visibles s'ils ne sont pas garnis
Ces fils indiscrets où pendent nos secrets.
De la bure et de la laine, du satin, de la dentelle,
Vêtements de labeur, ou ceux de la coquette
Qu'on devine souvent, qu'on ne voit pas vraiment,
À peine débordant d'un chemisier entrouvert.
Étalages impudiques offerts à tout passant,
Pourtant mis en place avec tant d'insouciance,
Sans malice, sans vice, mais en toute innocence.
Toute une intimité exposée aux regards,
Au grand jour un fantasme peut muter au cauchemar.
Des hommes et des femmes pour un temps dévoilés,
Révélant leurs penchants sous leurs emplettes variées,
Séduits par une mode étalée dans la rue,
Ou préférant le passé, celle d'un temps révolu,
Sans pudeur et trahis, les voilà mis à nu.
L'intérieur des tiroirs, au dehors se révèle,
Sur ces fils indiscrets où pendent nos secrets.

LES MOTS QUI S'ENVOLENT

Une porte entrouverte laisse passer les mots
Qu'une oreille traînante ramasse en silence.
Même chuchotés ils peuvent être volés,
Ils réclament prudence s'ils doivent rester secrets.
Une voix qui s'égare, qui grimpe les étages,
Sautant les balcons, longeant les terrasses,
Révélant à des inconnus,
Ce qu'ils n'auraient pas dû entendre,
Ce que jamais ils n'auraient su
Si l'imprudente voix n'avait fuguée,
Et ne s'était par les airs transportée.
Aussi ces lèvres qui rompent la promesse,
Celle de toujours rester scellées,
De garder bien caché ce qu'on leur a confié,
Mais qui n'arrivent plus à se taire,
Et finissent un jour par tout raconter.
Elles ne méritaient pas cette confiance
Que des amis leur accordaient.
Si par malheur elles recommencent,
Plus jamais ils ne pardonneraient.
Un écart de paroles et les secrets s'envolent ….

L'ENFANT

CET ÉTÉ-LÀ...

Cet été-là il fait chaud, très très chaud,
Elle a mal, très très mal...
Pourquoi l'amour fait-il si mal,
Lorsque d'un ventre il s'évade.
Au milieu de ses plaintes grandissantes,
Un petit cri se fait entendre,
Un peu timide vraiment,
Mais pour un temps seulement.
Il est là, vigoureux et braillard,
Apeuré sans rien comprendre,
Ses petits poings dressés menaçants,
Tremblant de rage, fort mécontent
Qu'on l'ait sorti de son silence,
Déjà prêt pourtant à piller les petits seins,
À chercher le téton, affamé sans remords,
Tandis qu'elle, elle pleure encore...
Elle a donné la vie, elle croit la sienne s'enfuir.
On lui dit qu'il est beau son petit !
Ses yeux sont fatigués de souffrance,
Elle croit mourir et veut le prendre.
Elle le regarde, étonnée comme lui,
Elle sourit, l'embrasse et s'endort...
Une nouvelle histoire d'amour voyait le jour.
    C'était un bel été... cet été-là...

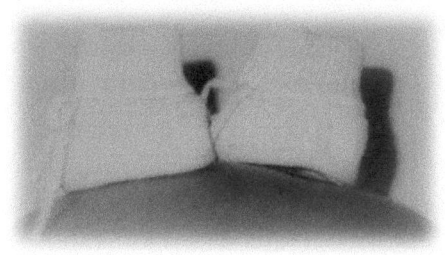

JUSTE UNE IMAGE

Qui es-tu petit être invisible pour envahir ma vie déjà,
Pourtant loin, si loin de dormir au creux de mes bras,
Si loin de sentir mes baisers dans ton petit cou,
Tout petit bout, petit bout de rien du tout.
La vue d'une simple image où se dessine un petit corps,
Où se devine ton visage, sans savoir qui tu es encore,
Cette image a suffi pour qu'à jamais je sois conquise,
Désormais je t'espère comme une immense surprise.
Tu viens à peine d'éclore, et bien que tu sois si petit,
Deux mains, deux pieds en saccades s'agitent,
Explorant le nid chaud et douillet au cœur de ta maman.
Tant de mois à t'attendre, à patienter, un si long temps…
Du temps à se réjouir, du temps à s'angoisser,
Du temps pour tout prévoir avant ton arrivée,
Jusqu'à ce qu'apparaisse ton minois étonné.
Tu vas en faire des tours et des tours, jour après jour,
Te demandant pourquoi, tout devient si serré,
De plus en plus, jusqu'à ne plus pouvoir bouger.
Et puis un jour, pressé, poussé, écrasé,
Après ce qui te semblera un long chemin sans fin,
Tu te retrouveras dehors, enfin,
Tiré par des mains étrangères, arraché à ta douce cachette.

Tout sera si froid, glaçant ton petit corps tout nu,
Et outrageant tes oreilles, de drôles de voix importunes.
La fin de ton monde dans cet abri tranquille et rassurant,
Où jamais plus tu ne pourras te rendre.
Alors petit bout, tout petit bout de rien du tout,
Tu vas devoir respirer et d'un seul coup,
Poussant un cri de douleur, de révolte, tu seras parmi nous,
Découvrant ce monde inconnu, ce monde nouveau,
Où les hommes sont un peu fous, où tout n'est pas toujours beau.
Mais nous serons près de toi et crois-moi petit bout,
Nous ferons tout pour que ton monde soit serein,
Nous ferons tout pour que ce monde soit le tien.

AIMEZ-MOI !!!

Je n'ai rien demandé à personne,
Et si souvent je déraisonne,
Ce n'est que pour sortir du noir.
Je suis là, alors aimez-moi.
Je serais bien resté dans l'ombre,
Dans ton ovaire serait ma tombe.
Vous ne m'attendiez pas vraiment,
Mais je ne suis pas un revenant
Si je suis né d'un peu d'amour,
Les responsables, c'est bien vous.
Il a fallu des mois pourtant,
Vous avez eu beaucoup de temps,
Ton ventre, il racontait une histoire,
Mais vous ne vouliez pas la croire.
Et maintenant que je suis là,
Pourquoi vous ne m'aimez pas.

À quelle porte dois-je sonner,
Dans quel enfer je dois tomber,
Pour qu'enfin vous me trouviez.
Je sais, je vous dérange
Vous n'avez pas de temps pour moi,
Si je m'enlise dans la fange,
C'est juste pour qu'on me voie,
Je voudrais tant que vous m'aimiez.
Moi je n'ai rien demandé
Et pourtant je me sens mal.
Pourquoi je devrais rester là
Si ma vie n'est pour vous qu'un poids
S'il n'y a pas d'amour pour moi.
Si vous n'êtes pas intéressés,
Je préfère encore l'obscurité,
Je sais comment m'y réfugier.
J'aurais préféré ne pas naître,
Et j'aime encore mieux disparaître,
Si vous ne pouvez pas m'aimer.

BATS-TOI

Il a quinze ans, il ne sait pas comment,
Il a grandi dans le malheur
Avec les coups et la douleur,
Il aurait pu devenir méchant,
N'avoir que l'idée de la vengeance,
Mais il a enduré puis il a pardonné,
Et tout seul, il est devenu grand.
Tu n'as jamais été battu,
Regarde qui tu es devenu,
Ta chair, elle n'a pas souffert,
Pourtant tu es en colère,
Enlisé dans ta solitude dorée
Tu crois avoir été oublié.
N'aie pas de plaintes envers la vie,
C'est à toi de tout découvrir,
N'attends pas que tout vienne du ciel
Bats-toi pour trouver ton soleil.

MON ENFANT

Par un petit pied nu, pourtant tout juste aperçu,
Il me revient mille bonheurs, il me revient mille tourments.
Des joues rouges, un front trop chaud,
Des pleurs, du sang, les cris des autres.
Un retard, un chagrin si grand,
Et trop tôt le poids de la vie
Qui n'attend pas, qui vient trop vite.
Il me revient mille bonheurs,
Des petits bras tout ronds, serrant mon cou si fort,
Un petit nez qui siffle et cherche mon odeur,
La fraîcheur d'une bouche, la chaleur d'un corps,
Une tête cachée, enfouie dans mes cheveux,
Des pépites d'or jaillissant de doux yeux.
Ils ne sont rien les mille tourments
Face aux bonheurs qu'apporte un petit enfant.

HANDICAP ET DIFFÉRENCE

HANDICAP

Ils te regardent, ils se moquent, ou bien ont peur de toi,
Tu les déranges, ils t'évitent, ils ne t'acceptent pas.
Comment peut-on donner la vie à cet enfant-là,
Comment peut-on vivre dans cet état-là.
Ils parlent, ils parlent, ils ne comprennent pas.
Ce qu'ils ne savent pas…
Ce sont les tonnes d'amour qui brûlent en toi.

À CELUI QU'ON NOMME… INNOCENT

Tu es, comme une question avec ta bouche toujours entrouverte,
Et qui serait… Pourquoi ?
Tu cherches, comme une réponse avec tes yeux toujours grands ouverts,
Et qui dirait… Comme moi.
Tout en toi est attente et je te donne quoi ?
Tu ne cherches qu'amour,
C'est moi que la peur hante à cause d'un vilain tour,
En lisant sur ton visage en point d'interrogation,
Sans âge, ni même émotion,
En lisant sur ton visage cette unique question… Pourquoi ?
Pourquoi ce sourire trop grand, si froid ?
Pourquoi t'écartes-tu de moi,
Quand mes mains de toi s'approchent,
Et d'amour pourtant, s'accrochent ?
Les mots que je ne sais pas dire,
Ce sont mes doigts qui te les donnent,
En caresses peut-être maladroites,
Mais je n'ai qu'eux pour exprimer la vie
Et te communiquer… MA JOIE !

TRISTES GENS…

Tant de gens sont tout gris, n'ont jamais un sourire,
Ils attendent demain, oublient de vivre aujourd'hui.
Ils n'offrent jamais rien, surtout pas une main,
Comme s'ils pouvaient la perdre, ou juste qu'on la retienne.
Ils passent à côté de la vie, longent les murs et survivent.
Le bonheur leur fait peur parce qu'il peut s'évanouir,
Alors ne pas chercher, surtout ne pas trouver.
Pleurer sur son sort est-ce plus bienfaisant,
Et pleurer sur les autres n'est-ce que du tourment…
À voir ces visages affligés, on peut le penser,
Peut-être vaut-il mieux ne jamais les croiser…

LA DIFFÉRENCE

Si tu n'es pas capable de rêver,
Alors tais-toi !
Laisse aux autres le droit d'imaginer.
Si tu n'es pas capable de sourire,
Alors tais-toi !
Laisse aux autres le droit au plaisir.
Si tu es un rebelle de la vie
Alors tais-toi !
Laisse aux autres une chance de s'épanouir.
Chaque jour tu veux porter le voile, pourquoi pas si c'est ton choix,
Tu vis seul dans la forêt, mais qu'est-ce que ça peut bien me faire.
Quelle importance que tu ne vives pas comme moi,
Si tu acceptes ma différence, respectes mes préférences.
Si tu décides de ne plus vivre, n'oblige pas les autres à te suivre.
On nous a donné un Eden, nous en faisons un enfer,
Notre terre est si belle, pourquoi la transformer en Babel.
Ce nom ne vous rappelle rien, notre monde serait-il cette tour,
Où les gens se font la cour, pour mieux se jouer de vilains tours,
Aptes à détruire ce qui fait notre vie.
Ne serions-nous que des virus, des bactéries,
Capables d'engendrer les pires maladies.
Pourquoi cette violence et cette intolérance,
En quoi cela dérange qu'ils soient si différents,
Trop clairs, trop noirs, et même s'ils étaient verts,
Mais qu'est-ce que ça peut faire, c'est toute une richesse.

LE MASQUE

Elle ne sait pas vraiment rire ni vraiment pleurer,
Le rire est étouffé, les larmes ravalées.
Par crainte d'être trop faible, elle est souvent sévère,
Après vient le regret mais elle ne sait que faire.
Elle tire un rideau qui la couvre toute entière,
Rien ne transparaît de ce qui la trahirait,
L'obligerait à dévoiler la femme qu'elle est.
Elle ne croit pas qu'on l'écouterait si elle riait,
Elle pense qu'on l'écraserait si elle pleurait.
Un cœur est là pourtant, vivant et palpitant
Avec des émotions, bridées et si pesantes.
Elle se sentirait mieux à n'être qu'elle-même,
À révéler cette femme étouffée en elle.
Dissimuler l'épuise beaucoup,
Être vraie l'épanouirait d'un coup.
Cela ne la rendrait pas plus faible
Que sa bouche et ses yeux de vie s'enfièvrent.
Elle deviendrait plus forte au contraire
Si enfin elle laissait cette femme derrière elle,
Si enfin elle jetait ce masque à la benne,
Si enfin elle riait, si enfin elle pleurait.

PAUVRES GENS

Les pauvres gens ne peuvent-ils qu'accepter la souffrance,
Certains que personne ne leur portera assistance.
Est-ce que dans la misère ils éprouvent moins de peine,
Est-ce que dans le malheur ils pleurent moins ceux qu'ils perdent.
Trop d'épreuves affaiblissent-elles l'amour,
À force de se battre, sans répit, chaque jour.
Une petite chose qui pour nous n'est rien,
Devient un vrai trésor, passée entre leurs mains.
Beaucoup n'ont pas eu le choix de leur vie,
Ne sont pas nés le bon jour ni dans le bon pays.
Eux doivent rester cachés pour survivre à la guerre,
Rester vivant est un grand privilège.
Lui dans son désert, crevant de soif et de poussière,
Sa vie est dans le sable il voudrait juste moins de soleil,
Qu'il tombe une toute petite averse, il en rêve,
Inlassablement, chaque jour il scrute le ciel.
Il accepte cette vie qu'il n'a pas choisie,
Son destin est la route des ancêtres qu'il suit,
Son père l'a guidé, son fils le sera, telle est leur destinée.
Il n'a pas de questions, cet homme est résigné.
Pourquoi tous ces gens souffriraient-ils moins,
Pourquoi n'auraient-ils pas d'immenses chagrins.
Parfois ils semblent froids, taisent leurs sentiments,
Mais jamais ne sont indifférents.
Ce n'est que leur pudeur, qu'ils étalent comme un droit,

La fierté qui les mène leur chuchote de rester droit.
La pauvreté rend humble, mais rend-elle moins humain,
Tant il faut se battre, tant il faut lutter pour presque rien,
Pour un bout de pain, juste pour vivre jusqu'à demain.
La souffrance ne coûte rien, sauf quelques gouttes d'eau,
S'échappant parfois des yeux, sous trop de fardeaux,
Pour ces pauvres gens, perdre cette eau est encore bien trop.

MALADIE

CAFARD… QUESTIONS…

Accepter de vivre à demi,
Accepter d'aimer à demi,
Accepter la fin de ma vie…
Je ressens comme un grand creux,
Comme si mon corps fondait de l'intérieur.
À la place il reste un nœud,
L'angoisse d'être tirée vers un ailleurs.
Accepter de vivre sans forces,
Accepter d'aimer sans le corps,
Accepter, est-ce la vie…
Il n'y a que des larmes,
Brûlant chaque jour un peu plus mes yeux.
Pas de révolte, bas les armes,
Et je coule lentement, cela vaut-il mieux.
Accepter d'être une autre que moi,
Accepter que tes yeux ainsi me voient,
Accepter et t'offrir… quoi…
Pourrais-je partir sans bruit ni plaintes
Et les laisser paisibles et sereins.
Pourrais-je un jour n'être plus là,
Sans larmes ni croix ni traces,
Comme un vent qui m'aurait emportée,
Laissant l'idée de retour subsister,
Jusqu'à ce que les jours passent,
Et que l'espoir de moi s'efface.

SIDA ANNÉE 1990

Il sait bien qu'il va mourir, il lui faut juste un peu de temps,
Alors il prend tout son argent et il s'en va chez le marchand.
M'sieur, j'achète un peu de temps, car très bientôt je vais mourir,
Je vous demande juste un moment, quelques heures un petit sursis.
Oh je n'veux pas toute une vie, mais je ne suis pas encore prêt,
Ma tête elle n'a pas tout compris, même si mon corps c'est fini.
Il sait bien qu'il va mourir, il lui faut juste un peu de temps,
Alors il prend tout son élan et s'en va demander au Grand.
Dieu donne-moi un peu de temps, car très bientôt je vais mourir.
Il me faudrait juste un moment, quelques heures un petit sursis.
J'ai besoin de voir le ciel, j'ai besoin de voir la mer,
Et de revoir tous les miens, pour leur dire que je les aime,
Que je pars un peu trop vite, que j'ai dépassé ma vie
Celle que je n'ai pas connue, tout juste un peu entrevue.
Il sait bien qu'il va mourir, mais déjà il n'a plus le temps
De repasser chez le marchand, car il est dans les bras du Grand…

ALZHEIMER

Al-zhei-mer ! Ce nom qui fait si peur,
Maladie qui condamne à l'oubli de la vie,
Maladie quand elle frappe massacre une famille.
Ils ont quitté ce monde et pourtant ils sont là,
Ces yeux qui nous regardent mais qui ne nous voient pas
Parfois ils reconnaissent mais ne comprennent pas,
Alors ils sont troublés et ils pleurent tout bas.

Maman

Qui es-tu petite mère, quel vilain démon a volé ta lumière
Mit ton cœur en quarantaine et fait le nôtre orphelin.
Où es-tu petite mère, dans quelle immensité erre ta douce âme,
Peut-être bien qu'elle est en cage et reviendra demain.
Où es-tu perdue, ton corps infidèle a oublié les mots,
Il ne raconte plus rien ou si peu de choses.
N'aies plus peur petite mère, sois sans crainte,
Car notre amour, lui, est sans fin.

Chéri

Sans m'avoir quittée vraiment, tu es parti loin de moi,
Et tu as fui lentement, sans pouvoir me dire pourquoi,
N'emportant aucun bagage, juste quelques souvenirs,
Des fragments de vie qui souvent encombrent ton esprit.
J'ai dû apprendre à vivre chaque jour sans toi,
Et pourtant survivre chaque jour, avec toi,
Et trouver des forces que je ne savais pas.
Mais si un doux soleil brille parfois dans ta nuit,
J'accepte l'idée de ton absence, de ta fuite.

DEUILS

MON PÈRE

Autour de toi des fleurs et du feuillage vert,
L'odeur entêtante d'un jardin d'hiver,
Un parfum sucré de jacinthes et de roses.
Il y a la pénombre trop froide où l'on frissonne,
Il y a le silence que troublent nos sanglots.
Le jour est déjà là, mais rien ne te réveille,
Ni le bruit de la rue, ni celui de nos veilles,
Pas même l'appel pour l'office qui résonne.
Dans cette nuit artificielle et parfumée,
Ton visage se colore et vit sous le reflet
D'une blanche bougie dansant jusqu'au trépas,
Dont la chaleur pourtant, ne te réchauffera pas.
Un parfum sucré de jacinthes et de roses,
Les heures qui s'écoulent sans que je me lasse,
Mes larmes qui coulent, source intarissable,
Et mon regard sur toi, fixe, hors du temps,
Qui te retrouve encore, malgré l'éloignement.

SURVIVRE À SON ENFANT

Comment survivre à son enfant, qu'il ait un jour, qu'il ait trente ans,
Comment accepter et faire le deuil de sa chair, de son sang.
Pourquoi ne pas aller vers tous ces charlatans
Qui disent le faire revivre durant un court instant,
Avec l'ardent espoir qu'il ne s'est pas perdu,
Qu'il faut juste trouver un passage inconnu.
Tant de paroles restées au bord des lèvres,
Tout ce qu'on devrait dire à un être cher
Empêché de passer par une vaine pudeur,
Dévoilé seulement quand vient le malheur.
Des mauvaises langues faisant fi,
Alors même incrédules, ils se précipitent,
Dans l'attente impatiente d'une incertaine visite,
Un tout petit espoir juste pour ne pas mourir.
Jamais des parents ne devraient pleurer un enfant,
C'est injuste, révoltant, ce n'est pas dans l'ordre du temps.

MON AMI

Lequel d'entre nous partirait le premier,
Un vilain soir d'hiver, par un beau jour d'été,
Dans la fraîcheur d'un printemps,
Avec les feuilles, un jour de mauvais temps.
Lequel serait le premier à faire saigner nos cœurs,
Et faire naître la sournoise et insidieuse peur,
Que sûrement nous n'étions plus si jeunes, malgré les rire dans nos yeux,
Surpris par les années, pas même inquiets du temps passé, heureux.
Aucun ne se cachait sous d'inutiles paroles,
Même si parfois les mots pouvaient sembler frivoles.
Entre nous pas de masques, juste la confiance,
Jamais n'aurait pu naître l'idée de la méfiance.
Et toi tu es parti, nous laissant ce chagrin, orphelins d'un ami.
Un tsunami d'années d'un coup nous a frappés, submergés, anéantis.
Mais nos yeux restaient secs, refusant l'ignoble nouvelle.
Puis l'émotion jaillit, comme une lave brûlante débordant le cratère,
Échappée du volcan elle a tout recouvert.
Et nous sommes restés là, pliés en sanglotant,
Comme des enfants égarés, appelant leurs parents.
Tu étais un pilier, tu nous manques déjà,
Tu n'avais pas le droit de nous quitter comme ça,
Tu n'avais pas le droit de n'être plus jamais là.

Mais nous connaissions bien ta façon d'avancer,
Jamais à la traîne, ta place toujours devant,
Afin de bien montrer que tu étais présent,
Et surtout ce désir, ne pas être oublié.
Encore une fois, tu as gagné, tu as été le premier.

L'OISEAU

Sa tête, ses yeux tournent en tous sens, il l'attend.
Il est inquiet, il guette dans le ciel inlassablement.
Il n'ose pas repartir ni changer de place,
C'est là qu'ils se retrouvent quand ils rentrent de chasse.
Petit à petit il se recroqueville
La nuit tombe, il a froid sur son fil,
Il va rentrer au nid, il reviendra demain
Si ce soir elle ne l'a toujours pas rejoint.
Dès l'aurore il s'installe mais n'espère plus son retour,
Il sent que plus jamais il ne reverra son amour.
Il a perdu l'espoir de voler auprès d'elle,
Un chasseur a croisé son chemin et visé dans son aile,
Pourtant peu alléché par le maigre butin

Mais voulant juste se faire un peu la main.
Il va devoir repartir pour une parade,
Afin de séduire une nouvelle dame.
Son cœur est meurtri, il ne peut l'oublier,
Il roucoule sans joie, il ne sait pas pleurer.
Tant de jours partagés avec elle
Ne peuvent s'effacer en un battement d'ailes.
Mais la nature est plus forte, elle guide leur vie,
Alors il se résigne, il va bâtir un nouveau nid.

UN LIEU SI PAISIBLE

C'est un lieu bien paisible que cet endroit-là,
Avec de jolies fleurs disposées çà et là.
Que ce soit l'hiver que ce soit le printemps
Elles restent fleuries quel que soit le temps.
Il y pousse de grands arbres propices au repos,
Leur ombre généreuse appelant à la pause.
On n'habite pas ce lieu, on y fait juste un petit tour,
Pourtant des êtres s'y côtoient chaque nuit, chaque jour.
On sait qu'ils sont là, mais on ne les voit pas
Peut-être se parlent-ils, on ne les entend pas,
Peut-être ont-ils un langage que l'on ne perçoit pas,
Pourtant sans se connaître, ils ne se quittent pas.
C'est un lieu de promenade si tranquille,

Mais personne ne souhaiterait y vivre.
Partout de belles allées, n'amenant nulle part,
Elles se croisent, se recroisent et puis elles repartent,
On peut marcher longtemps, il n'y a pas de fin,
Mais eux sont arrivés au bout de leur chemin.
Ici tout est mort, les belles fleurs ne sentent rien,
Partout ce silence, reposant mais troublant.
Ce lieu en raconte des histoires pourtant,
Les tombes en témoignent à travers le temps.
Tous ces morts tellement regrettés,
Toutes ces personnes tant aimées.
Il y a les très vieux, souvent moins pleurés,
Qu'ils soient partis c'est l'histoire de la vie,
Mais ce garçon n'aurait pas dû mourir,
Trop plein de jeunesse pour ne plus vivre.
Ses amis ont posé un objet, peut-être la raison,
Une petite moto, symbole de sa passion.
Et ces deux-là au fond d'une même tombe,
Vont-ils se faire du mal, passés dans l'autre monde.
Ils ne s'entendaient pas, disaient se séparer,
Ils sont toujours ensemble, tenus de partager.
Mais peut-être s'aimaient-ils malgré tout,
Et par sottise se taisaient leur amour.
Il y a les morts oubliés aux tombes délaissées,
Il y a les morts vénérés aux tombes bien soignées,
Qu'importe, tous sont partis pour une éternité.

UN DÉPART

Je voudrais,
Je voudrais que la vie ne soit,
Que la vie ne soit que bonheur,
Ne soit que bonheur et joie pour chacun.
Je voudrais,
Je voudrais que la mort ne soit,
Que la mort ne soit qu'un chagrin,
Ne soit qu'un chagrin, pas ce manque sans fin.
Je voudrais,
Je voudrais qu'il soit,
Qu'il soit sans regret de n'avoir pas tout fait,
Mais tranquille et serein, une main dans sa main,
Car il sent qu'il est temps, que c'est le moment.
Des doigts qui l'étreignent si pleins de tendresse,
Un dernier cadeau, une ultime caresse,
Pour un dernier message, débordant d'amour,
Sachant qu'il part pour un voyage sans retour.
L'heure est venue, c'est entouré qu'il s'endort,
Elle l'accompagne en le serrant très fort.
Elle ne sait pas quand viendra son tour,
Mais elle le rejoindra… un jour.

RENAISSANCES

LES ARBRES

Les arbres cette fois encore n'ont pas rejoint le ciel,
Et c'est en pluies de soleils qu'ils s'abandonnent à l'hiver.
La terre semble inondée d'une épaisse couche d'or,
Avant que soufflent les impitoyables vents du Nord.
L'eau puis le froid ont raison de la riche couleur,
La transformant peu à peu en un sombre linceul.
Inlassablement la bise balaye villes et hameaux,
Épargnant tout juste les solides nids d'oiseaux.
Puis un matin, plus rien, nettoyés allées et jardins.
Seuls terre et cailloux revêtent les chemins.
La dernière feuille s'est envolée, les arbres semblent morts,
Ils semblaient pourtant invincibles, si forts.
Les voilà nus, offerts aux tempêtes, aux rigueurs exposés.
Cette fois encore, ils ont subi leur sort, celui de condamnés.
Pourquoi est-ce l'hiver qu'ils perdent leurs atours,
Et restent ainsi tant de nuits tant de jours,

Que le froid les atteint alors qu'ils n'ont plus rien.
Sont-ils arrivés à l'inéluctable fin.
Ont-ils un jour fait tant de mal pour subir un tel outrage,
Pour être dévêtus sous les froidures et les rafales.
Puis lentement, émergent des vies nouvelles,
Doucement, les plantes s'ouvrent, s'éveillent,
Et le soleil s'approche, ramenant sa chaleur,
Tout semble nouveau, même les odeurs,
Puis les oiseaux pépient volant en courses folles
Car ils ont en eux une véritable horloge,
Quelque chose leur dit que c'est le moment,
Un logis, des petits, tant à faire, peu de temps.
Toute la nature semble en pleine folie.
Et voilà que les arbres revivent eux aussi,
Feuilles après feuilles à leur tour ils renaissent,
Les branches se cachent sous la parure épaisse.
Les nuances de verts éclatent dans l'azur
Habillant l'horizon et toutes les ramures.
Ils se dressent et grandissent, se gorgent de sève
Pour tenter une fois encore, de rejoindre le ciel.

JE SORS D'UN ABÎME

Et je sors du trou noir, du trou noir d'un enfer
Et je sors d'un abîme, le grand vide de ma tête,
Tout en haut tout en haut, j'aperçois la lumière,
Comme la clarté d'un jour, la couleur d'un ciel
Qui seraient sourds aux vents, sourds aux tourments,
Repousseraient nuages, ombres de la nuit,
Refouleraient aussi, les ombres de la vie.
Tout est clair, tout est beau et enfin je respire,
Les brumes ont disparues et la douleur s'est tue.
Ma poitrine à nouveau se gonfle et se vide,
Et mes yeux clos, éteints, redécouvrent la vie,
Et pourtant je croyais, jamais de jour sans toi.
Et je sors du trou noir du trou noir d'un enfer
Et je sors d'un abîme, le grand vide de ma tête,
Et voilà qu'un soleil jaillit de ma mémoire,
Et emplit de chaleur mon corps mon cœur si froids,
Tous ces gens près de moi qui parlent et sourient,
Non, personne n'a le droit de voler une vie.
Et pourtant je croyais, jamais de vie sans toi.
Et je chante et je crie, redécouvrant ma voix,
Je parle, j'écoute je ris, j'ai retrouvé ma joie,
Sans bien comprendre comment, oui mais surtout… pourquoi !

UNE PLAGE, UN ÉTÉ

J'ai croisé une nymphe sur le sable brûlant
Sous un soleil d'été courant vers l'océan,
Ébloui, affolé j'ai dévié mon chemin,
Aussitôt l'ait rejointe, aussitôt prit sa main,
Sans même le savoir, elle était mon destin.
Puis elle a disparu et longtemps j'ai cherché,
Dans tous les beaux regards que j'ai souvent croisés
Au fond des yeux que je pensais pouvoir aimer.
Je changeais de chemin, je changeais de contrées,
Partout je l'ai cherchée, jamais retrouvée.
Souvent, d'un espoir fou j'ai traversé la plage,
Couru vers l'océan et fouillé dans les vagues,
Tout seul pris de folie et pleurant dans le sable
Sur tout ce temps usé à ne penser qu'à elle,
Sur toutes ces années passées à rêver d'elle.
Aujourd'hui je sautille sur le sable brûlant,
Une femme épanouie flâne vers l'océan.
Ébloui, affolé, me voilà à genoux,
Figé, pétrifié, assommé d'un seul coup.
Puis je cours, la poursuis, elle est toujours si belle,
Je l'appelle, la rejoins, j'étouffe mon cœur s'arrête.
Elle pleure, elle sourit et s'accroche à mes mains,
J'ai vingt ans mon regard noyé dans le sien.
Elle aussi m'a cherché mais sa vie l'emportait,
Je n'ai pas de regrets, cette femme je l'attendais.

UN PEU D'ORDRE DANS MA VIE

J'ai mis de l'ordre dans ma vie,
J'ai déchiré tous tes baisers, sur le papier couchés,
J'ai déchiré tous les habits, que tu avais touchés.
L'armoire est vide, mon cœur respire.
J'ai dû t'extirper de moi comme une mue trop serrée,
J'ai décollé de mon corps, un à un, les lambeaux qui tenaient encore.
J'ai tiré, arraché, nettoyé, jusqu'à la dernière trace,
Jusqu'à ce que le moindre souvenir de toi s'efface.
Je ne veux surtout pas me désoler,
Mon chagrin avec entrain je veux chanter !
J'en ai assez des romantiques, des bovarystes, des masochistes.
Je veux pleurer sans me cacher et sous mes larmes t'engloutir.
J'ai mis de l'ordre dans ma vie,
J'ai déchiré tous tes baisers, sur le papier couchés,
J'ai déchiré, tous les habits, que tu avais touchés,
L'armoire est vide, enfin je revis.

JOIE ET NOSTALGIE

SOUVENIRS CACHÉS

L'échelle semblait plus courte que par le passé,
L'ouverture plus basse, je dus me plier pour entrer.
La porte refermée je n'étais plus qu'une enfant,
Pour quelques instants j'avais remonté le temps.
Revivant des années lointaines et oubliées,
J'ai recouvré dans ce grenier une mémoire effacée.
À chaque objet que je touchais un souvenir renaissait.
Un petit meuble fatigué dans un coin se cachait,
J'ai reconnu mon armoire, décorée de poussière,
L'armoire où je rangeais ma belle vaisselle,
De jolies tasses fleuries, des plats et des assiettes.
Je la croyais si grande et elle est si petite,
On dirait que les années l'ont toute rétrécie.
Elle semblait à ma taille pourtant…
La taille d'une petite fille de six ans,
C'est vrai, cela fait si longtemps.
Elle était lourde dans mes jeunes mains,
Je la soulève sans effort, elle ne pèse plus rien.
Je la tire vers moi avec le plus grand soin,
Des cliquetis reconnus alertent mes oreilles,
Serait-elle toujours là, ma fragile porcelaine…
Nous jouions aux dames quand j'invitais mes amies,
Je préparais la table, le faux café et les biscuits.
Nul cadeau n'aurait fait battre mon cœur plus fort,

Un doux frisson de bonheur me traverse le corps.
La délicate vaisselle apparaît, intacte, sous mes yeux,
Mes lèvres frémissent sous un sourire joyeux,
Par magie mes amies sont toutes de retour,
Claudie, Chantal et Mimi, j'ai six ans tout à coup.

LE MARAIS

Quand elle a ouvert la fenêtre, et découvert ces plates terres,
Tout de suite elle a senti que ce serait son pays, son repaire.
Elle a aimé l'eau ténébreuse dans les hautes herbes tapie,
Cette onde indomptable, à la seule loi de l'océan servile,
Ce géant, calme ou impatient, la prenant, la repoussant,
Jouant de son charme, comme un versatile amant.
Elle a aimé ce large fleuve semblant si paisible,
Mais courant au plus vite pour rejoindre la mer,
Toujours en lutte pourtant contre ce rude adversaire,
Soumis aux caprices de ces flots inconstants,
Aux va et vient des marées, aux bourrasques des vents.

C'ÉTAIT CHEZ MOI

Ils l'ont toute cassée, je ne l'ai pas revue,
Ainsi elle est restée celle que j'ai connue.
Les pièces devant avaient été modifiées,
De nécessaires travaux au fil des années.
À l'arrière on n'avait rien refait,
L'état des murs pourtant nous inquiétait.
J'y revois notre petite cuisine,
Au plafond bas, aux poutres assassines,
Où tout le monde aimait se rassembler,
Où l'on se retrouvait toujours pour discuter.
Cela faisait rager notre mère,
Elle disait qu'il y avait l'autre pièce,
Pas assez de place, de sièges pour s'asseoir,
Que nous serions encore mieux sur le trottoir.
Même si ce n'était que vérité,
Nous demeurions là debout, serrés.
Pour mon père, la cuisine était sa vraie maison,
Tout ce qu'il restait de ses souvenirs de garçon.
Son verre une fois vide ne quittait pas la table,
Ma mère le lavait puis le remettait en place
Pour le prochain coup offert aux copains de passage.
Mon père était un homme toujours prêt au partage.
C'était sa maison, c'était notre maison,
Il est parti, elle a disparu elle aussi.

LE MOIS DE MARIE (années 1950-1960)

Vous rappelez-vous le mois de Marie, ce joli mois de mai,
Quand les gens du quartier, chaque soir se retrouvaient.
Une à une les portes s'ouvraient, c'était comme un appel,
Et tous ensembles nous montions vers la petite chapelle.
Les parents discutaient attendant le curé,
Chez l'un d'entre nous, invité pour le dîner,
Ceux d'en bas adossés au grand mur du collège,
Ceux d'en haut, assis sur le muret de la chapelle,
Nous les enfants jouions, pas encore prêts pour la prière.
Puis le prêtre arrivait, le silence s'installait,
Chacun gagnait son mur, rejoignait ses parents,
Aucun n'aurait failli, par peur d'un châtiment,
Mais surtout par respect pour la vierge Marie,
Sainte à qui nous confions nos plus secrets désirs,
Cette femme priée tout le beau mois de mai,
Que nous n'aurions boudée, pas même s'il pleuvait.
Ensemble nous chantions, pas tous à l'unisson,
Mais toujours satisfaits par cette réunion.
Quelques jeux encore, quelques propos échangés,
Puis il était temps de regagner son foyer.

ET LE TEMPS PASSE...

ET POURTANT…

J'accepte l'épreuve du temps,
Jamais plus je n'aurai vingt ans.
Mais je n'aime pas ce que je vois
Cette femme qui me regarde,
Quand le miroir rend ce visage,
Et qu'il révèle cette image,
Cette inconnue, ce n'est pas moi.
Et pourtant………………
Il paraît que certains réparent,
Quand les ans ont laissé leurs traces
Parfois même ils font des miracles,
Les yeux les lèvres, de jeunesse éclatent.
Mais l'illusion n'est qu'éphémère,
Les années restent là, en ennemies fidèles,
Quoi que l'on fasse, rien ne les efface.
Et pourtant……………….
Je les contemple avec envie,
Ces jeunes hommes emplis de vie,
Sans que jamais ils le devinent.
Ils me regardent avec respect,
N'imaginent pas mes rêves secrets.
Ils courent vers l'avenir,
Je n'ai plus à construire.
Et pourtant………………

Ils sont bien là, toujours présents,
Ces souvenirs d'une vie d'avant,
Les seuls garants d'une jeunesse,
Jeunesse vivace dans ma tête.
Qu'importe que passe le temps,
Qu'importe le cumul des ans,
Ils sont ma force, ma jouvence.
Et puis……………......
Malgré l'envie de freiner le temps,
Il y a ce cadeau de la vie, les enfants,
Et ce trésor vaut bien quelques dommages,
Vaut bien qu'une jeunesse passe,
Que l'on devienne un peu plus sage,
Peut-être aussi plus raisonnable,
Accepter qu'une vieille dame prenne place.

MÉDITATION

Assagie par les ans,
Apaisée dans mes sens,
    J'aurai le temps.
Du lever au coucher,
Mille heures dans la journée,
    J'aurai le temps.
Plus d'enfants, plus d'amant,
Des jours sans accents,
    J'aurai le temps.
La fin des contraintes,
La fin des étreintes,
    J'aurai le temps.
Mon cœur à sa place,
Sans à-coups, ni menaces,
    J'aurai le temps.
Mon corps résigné,
Par une sagesse navrée,
    J'aurai le temps,
Le temps de lire et de flâner,
Le temps du temps, pour le temps
Long, sans fin, inutile,
Et le remord constant de vieillir
Et ne plus pouvoir t'aimer.

CE N'EST QU'UNE VIE

                      Notre rivière… l'enfance…

Je crois bien que j'étais belle…
Quand la rivière appelait nos corps,
Que le soleil enflammait et couvrait d'or,
Et sous la trop froide caresse,
Criants, ruisselants, émergés à demi,
Suffocants de frissons, secoués d'éclats de rire,
Nous feignions de vouloir échapper à son emprise.
Sombre et tranquille, elle nous attendait,
Sachant bien que des pièges dans son lit elle cachait,
De gros rochers tapis dans son ombre complice.
Nos membres avaient souffert contre ces durs granits
Et savaient chaque place où ils faisaient le guet,
Ils tâtaient de leur masse, mais pour s'y reposer.

Un jour… si beau…

Je crois bien que j'étais belle…
Quand le vent ce jour-là faisait vivre l'organdi
De ma robe étalée, faisait vivre les fleurs
De mon bouquet serré et des perles dans mes yeux.
D'un sourire triomphant je remerciais Dieu,
Quand jeune et décidée, je marchais vers l'église,
Que le bras de mon père effaçait toute peur.
Puis ma main dans la tienne, je n'étais pas une autre,
Mais pourtant une femme qui étrennait sa vie,
Rêvant des belles années qui allaient être nôtres,
Projetant des enfants comme Noël des cadeaux,
Pour que ce bonheur fou jamais ne se tarisse
Car avec eux l'amour, jamais ne peut finir.

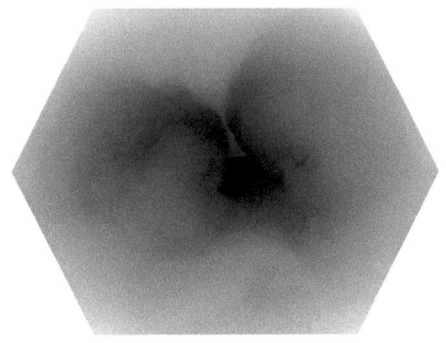

Vous… mes petits…

Je crois bien que j'étais belle…
Pourtant j'avais si mal, pourtant j'avais si froid,
Une main dans la mienne tu étais près de moi.
J'attendais une vie, le fruit de nos deux corps,
Mes longs cheveux défaits, le ventre gonflé encore.
Puis mon cri puis le sien, envolée la douleur.
Trois fois dans les tourments, j'ai reçu un bonheur,
Cet instant merveilleux, la magie de l'éveil,
Une joie qui n'a pas dans le monde son pareil.
Lorsque vint le dernier, une chaude nuit d'été,
Je compris que chacun allait piller mon cœur,
Que pour eux chaque jour, j'affronterais le temps,
Que rien ne se ferait sans qu'ils soient là, présents.

Un automne… radieux…

Je crois bien que j'étais belle…
Années après années dans les yeux des enfants,
Quand le corps est plus las et la peau moins sereine.
Le regard fatigué, je vivais tout autant,
Surprise chaque jour de trouver tout si beau,
D'avoir eu tant de joies, de rires, si peu de maux.
Et il est arrivé dans les fleurs du printemps.
Quand j'ai vu ce petit, et ses yeux et son air,
À nouveau j'ai senti mon cœur à découvert.
Et rien n'était fini, tout juste une partie,
Le jeu allait reprendre pour cette nouvelle vie.
Dans mon corps il fait chaud et je suis sans regret,
Tout autour il fait beau, pour ça, j'ai mon secret.
Je crois bien que j'étais belle…………….